# LA BATAILLE DE TINCHEBRAY

(ORNE)

PAR H. SAUVAGE

DOMFRONT

F. LIARD, IMPRIMEUR-LIBRAIRE

A LA BIBLE D'OR.

1867.

# LA BATAILLE
## DE
# TINCHEBRAY

1406[1].

### I.

Tant que Guillaume-le-Conquérant avait vécu, les peuples soumis à sa volonté inflexible avaient joui d'une heureuse tranquillité. Mais à peine eut-il rendu le dernier soupir, que la discorde se mit à souffler de tous côtés les haines et les inimitiés. Tandis que le cadavre du plus puissant monarque de l'époque ne trouvait qu'avec peine où reposer en paix, ses trois fils insultaient eux-mêmes à la mémoire d'un père qui leur devait être si cher : ils n'attendaient pas que sa cendre fût froide et ils se hâtaient de partager son riche héritage.

Robert-Courte-Heuse posséda les biens transmis par ses

---

1. Aux mois de mars et d'avril 1845, dans les numéros 13 et 14 du JOURNAL DE MORTAIN, j'ai publié un premier récit de la Bataille de Tinchebray. Depuis, dans mes Recherches historiques sur l'arrondissement de Mortain, pages 78 et suiv., j'en ai donné une nouvelle description. — Tous les historiens de la Normandie, en général, se sont occupés de ce remarquable évènement ; mais je n'ai pu consulter que quelques-uns d'entre eux. Particulièrement, M. Hurel, professeur de talent, a édité une brochure de 16 p. in 8º, à Saint-Lô, 1829, intitulée LA BATAILLE DE TINCHEBRAY : elle est rarissime et jusqu'ici je n'ai encore jamais pu me la procurer.

ancêtres à son père ; Guillaume eut les biens conquis, et Henri, le dernier, reçut une somme considérable d'argent, avec laquelle il acheta de son aîné le Cotentin et l'Avranchin.

Mais Robert prétend avoir l'Angleterre avec la Normandie. Il soulève ses barons et fait prendre, à plusieurs reprises, les armes à ses oncles, Robert, comte de Mortain, et Eudes, évêque de Bayeux.

Bientôt la Normandie devient le théâtre d'une guerre implacable et d'autant plus odieuse que, sur les champs de bataille, les frères combattaient leurs frères, que les amis oubliaient l'amitié pour ne songer qu'à la haine et à la vengeance.

## II.

Telle était alors la situation de la Normandie, lorsqu'à la voix de Pierre l'Ermite, l'Europe entière précipita ses pas vers Jérusalem.

Ce digne apôtre du Saint-Sépulcre, tombé au pouvoir des infidèles, trouva un écho puissant dans la parole de Turgis, évêque d'Avranches. On vit ce prélat, dans sa cathédrale et sur tous les points de son diocèse, un crucifix à la main, l'œil et le regard animés, et à sa voix retentirent de toutes parts les cris « *Diex el volt*, » qui se faisaient entendre de tous les points de la chrétienté.

## III.

Parmi les Normands, le duc Robert voulut lui-même donner l'exemple à ses peuples. L'un des premiers, il s'enrôla sous la bannière de la milice sacrée, et, plus tard, comme récompense, la couronne insigne de Jérusalem lui fut, dit-on, offerte pour prix de sa valeur.

Quant à Robert, comte de Mortain, l'un des héros d'Hastings et de la conquête, il n'osa partir à cause de son grand âge, malgré l'exemple de son cher neveu et malgré l'enthousiasme indicible de ses barons.

## IV.

Comme à tous les vieillards, l'instinct de la conservation lui fit éviter les fatigues d'un long voyage, dont il ne pourrait peut-être pas même atteindre le terme. D'ailleurs vouloir n'est pas toujours pouvoir. Il désira achever paisiblement ses jours dans les lieux chers à son souvenir ; du moins pouvait-il encore, dans sa belle collégiale de Mortain, prier la divinité de bénir l'entreprise de tous les siens, qui partirent en foule.

Et lorsqu'après avoir conquis Jérusalem, les guerriers Normands revinrent, couverts de lauriers, reposer dans leurs demeures, au sein de familles aimées, ils retrouvèrent, eux qui venaient demander à leur patrie de terminer leurs vies de fatigues et de privations, dans la tranquillité et le repos, le sujet de nouvelles querelles, le levain de nouvelles dissensions intérieures. Henri s'était assis sur le trône d'Angleterre, après la mort dramatique de Guillaume-le-Roux, au préjudice et contre le droit certain de Robert, son frère aîné.

Robert de Mortain avait également cessé de vivre : Guillaume, son fils, jeune encore, avait hérité de ses nombreux domaines.

## V.

Bientôt Robert-Courte-Heuse songe à conquérir la couronne royale. Il vient débarquer à Portsmouth.

Tout semblait l'assurer du succès.

Mais l'adresse et l'astuce d'Anselme, archevêque de Cantorbéry, qui soutient avec zèle le parti d'Henri, changèrent la face des choses. Le prélat se fit négociateur. Un traité fut donc signé entre les deux frères, et celui qui devait être légitimement roi, fut contraint de se contenter de la survivance d'une couronne dont il ne jouit jamais. Les conditions du pacte de famille furent, que Henri paierait à Robert trois mille marcs d'argent. Ce dernier devait aussi régner, si Henri mourait sans héritiers mâles : le roi s'était fait pour lui une part léonine.

## VI.

Ces conditions surprennent encore lorsqu'on considère la position brillante que s'était créée le duc en Angleterre ; lorsqu'on songe que ce héros, tout couvert de la gloire qu'il venait de s'acquérir en Palestine, était entouré d'un prestige immense, qui semblait devoir rendre sa cause sainte aux yeux des peuples, tous émerveillés des hauts faits d'armes des croisés ; lorsqu'on réfléchit surtout que le bon droit était de son côté et que sa cause était vraiment sainte.

## VII.

Aussi Robert eut-il honte de s'être laissé duper ainsi, lorsqu'à son retour en Normandie, il vit surtout que son frère ne tenait aucune de ses promesses.

Il se hâta de profiter de la première occasion pour rompre les traités : ce fut le comte de Mortain qui la lui fournit.

## VIII.

Ce jeune homme prétendait que le comté de Kent devait lui appartenir, parce que Eudes, évêque de Bayeux, son oncle paternel en avait été investi.

Il le demanda, avec beaucoup d'insistance, en 1104, à Henri. Sur son refus, il jura de s'en emparer de vive force.

Il se crut tellement assuré de réussir, qu'il fit, dit-on, le serment solennel de ne pas revêtir sa cotte d'armes jusqu'à ce qu'il fût rentré en possession de ce pays, qu'il appelait son héritage [1].

Le roi l'avait toujours considéré comme un ennemi. Il ne tarda pas à faire sentir sa vengeance à ce baron insoumis : le comte de Mortain fut chassé d'Angleterre, par son ordre, et tous les biens qu'il y possédait furent confisqués [2]. Il perdit entre autres le comté de Cornouailles [3].

## IX.

Ainsi fut renversé, en un moment, le puissant établissement de sa maison, auquel la magnificence de Guillaume-le-Conquérant et les mérites du comte Robert avaient également travaillé.

La cour d'Angleterre avait été satisfaite de se débarrasser d'un seigneur sur lequel elle ne croyait pas pouvoir compter, de l'un des soutiens les plus dévoués du Duc Robert, dans les derniers troubles. D'ailleurs on y connaissait également ses liaisons avec Robert de Montgommery, comte de Bellême et d'Alençon, son oncle, qui faisait la guerre en Normandie, depuis deux années.

## X.

Guillaume, réduit à posséder désormais son seul comté de Mortain et ses possessions de Normandie, bien faibles en comparaison de celles dont il venait d'être dépouillé, la rage dans le cœur, passe en Normandie, résolu de prendre sa revanche.

---

1. Infessus à Deo ut se devoveret non induturum chlamydem nisi à patruo, ut dictitabat, recussam hereditatem consequeretur. Guillel Malmesbur. lib. V, p. 157.

2. Math. Paris. — Robertus de Monte, append. ad Sigebertum.

3. Guillelmus Malmesbur. lib. V, p. 157. — Goube, Hist. du duché de Normandie, t. I, p. 312.

Tout d'abord, il décharge sa colère sur Richard, comte de Chester et d'Avranches, ainsi que sur plusieurs autres seigneurs du Cotentin, vassaux d'Henri, auxquels, par une espèce de représailles, il enlève quelques places.

Dépouillés de leurs forteresses, ceux-ci invoquèrent les secours du roi d'Angleterre, qui ne manqua pas de les défendre.

## XI.

Pour rendre la partie égale, de son côté, le comte remit Robert de Bellême dans les bonnes grâces du duc[1]. Enfin, Guillaume de Mortain sut si bien gagner Courte-Heuse lui-même, qu'il lui persuada de prendre le banni d'Angleterre sous son haut patronage, et de lui donner, pour compensation des pertes qu'il avait éprouvées, le revenu du Cotentin, qui appartenait au roi son frère, ce qui explique les paroles de Robert Wace, narrateur de ces évènements :

> L'altre gent ont le duc o soi,
> Qui remaindront contre le roi.
> Venir fist ceux du Costentin,
> E ceux de Moretaing,
> E d'Avrenches ki est plus loin

## XII.

Henri, auquel l'église et le peuple demandaient secours, ne tarda pas à passer la mer avec de grandes forces. Et comme s'il eût voulu frapper au cœur la fortune du comte de Mortain, qu'il savait être l'auteur véritable de la guerre, la première de ses entreprises fut sur le château de Tinchebray, qui lui appartenait.

---

1. Orderic. Vitalis, lib. X. ap. Script. Normann., p. 820.

## XIII.

C'était une forteresse de construction toute récente, bâtie par Guillaume de Mortain, lui-même, et établie sur le sommet d'un monticule escarpé, dans une situation exceptionnelle pour la défense : elle était considérée comme presqu'imprenable.

Au sud et à l'ouest, elle était défendue par un marais profond et par des rochers à pic ; au nord et à l'est, par des murs de plus de trois mètres d'épaisseur, flanqués de tours, et par des fossés qui l'isolaient du côté de la ville actuelle. Des souterrains, dont il reste encore quelques traces, et que l'on nous a montrés, la mettaient en rapport avec des forts avancés.

## XIV.

Le roi s'y présenta, en 1106, vers la fin du printemps.

Mais étant appelé ailleurs pour des affaires plus pressées, et persuadé que cette place, qui était fort bien fortifiée [1], et qui présentait de sérieuses difficultés [2], n'était pas de celles qu'on peut emporter d'un premier assaut, il se contenta d'y faire bâtir un fort ou château de blocus (*castrum*). Il y laissa une partie de ses troupes, sous les ordres de Thomas de Saint-Jean, l'un de ses plus expérimentés capitaines, auquel il ordonna de réduire les assiégés par la famine [3].

Pendant ce temps-là, Henri se dirige sur Domfront.

## XV.

Gilles de la Roque était le gouverneur du château de Tinchebray. Tout aussitôt, et en présence de ces graves évènements, il en donne avis à son suzerain, le comte de Mortain.

---

1. Munitissimum Herchebray castellum. Mathieu, Paris.
2. Dumoulin, Hist. de Normandie, p. 287.
3. Orderic. Vitalis, lib. X, ap. Script. Normann., p. 820.

A la nouvelle de cette construction, Guillaume, dont Mortain, la capitale, est également assiégée en ce moment, réunit une noble troupe de guerriers.

Il conduit à Tinchebray un convoi considérable de subsistances et de tout ce qu'il sait manquer à ceux qui y étaient renfermés dans la forteresse. Ce secours pénètre dans la place, à la vue et sous les yeux mêmes des troupes royales.

## XVI.

Bientôt, pour en opérer le ravitaillement, tout le pays est pillé et saccagé par les deux armées.

Guillaume va jusqu'à faire couper, dans les campagnes, les moissons encore vertes, pour les donner en fourrages aux chevaux de ses compagnons [1].

## XVII.

Ce jeune guerrier était si habile et avait un si grand fonds de valeur, que les troupes du roi n'osaient pas, devant lui, sortir de leurs retranchements, ni s'avancer pour lui interdire l'entrée de la place.

Il était si vif et si impétueux dans l'action, qu'au rapport de ses ennemis eux-mêmes, rien n'était plus dangereux que d'avoir à soutenir les effets d'une valeur aussi animée. Aussi, tout en déplorant les malheurs d'une guerre sanglante, dont il fut la cause, les historiens anglais n'ont-ils pu refuser de lui rendre justice ni s'empêcher de dire du bien de lui : « *animo perfecto et exercitio ferventi vir probissimus* [2] ; » « *vivacitate mentis et alacritate juventutis laudandus* [3]. »

---

1. Virides etiam per agros messes secari fecit, et oppidanis suis ad pabulum equorum subministravit. Orderic. Vitalis, lib. XI, ap. Script. Normann., p. 830.

2. Robertus de Monte, append. ad. Sigebertum, anno 1104.

3. Guill. Malmesbur., lib. V, p. 152.

## XVIII.

Tout porte à croire que sous ses yeux plusieurs assauts, livrés au château de Tinchebray, furent repoussés. Ils durent être vifs et multipliés, mais la résistance fut longue et opiniâtre.

## XIX.

L'absence du roi ne se prolongea pas. Une série de jours pluvieux venait de s'écouler; il fallait mettre à profit les derniers beaux jours de la saison qui commençait à s'avancer.

Ayant réuni son armée, à la tête de laquelle étaient : Hélie, comte du Mans ; Guillaume, comte d'Evreux ; le comte d'Aumale ; Robert, comte de Meulan ; Guillaume, comte de Varennes ; Réchin, comte d'Anjou ; Ranulfe, comte de Bayeux ; Raoul de Conches ; Robert de Montfort ; Robert de Grentemesnil et plusieurs autres seigneurs, avec leurs vassaux, il se rendit enfin sous les murs de Tinchebray. Il en pressa en personne le siège avec une grande vigueur et le convertit en blocus.

## XX.

De son côté, le comte de Mortain, appréciant l'imminence du danger, réclame l'assistance et l'intervention du duc Robert de Normandie, de Robert de Bellême, du sire d'Estouteville, de Guillaume de Ferrières, de Guillaume Crépin et de tous ses amis, que leur intérêt ou leur devoir attachaient à la même cause.

Aussitôt que leurs troupes sont réunies, le duc sort de Falaise. Il se met en marche vers Hiesmes, où il réunit ses amis et ses forces; ses amis peu nombreux, ses forces peu considérables.

Puis il vient droit à son frère, dans le dessein de lui faire lever le siège, pour le combattre ensuite.

Henri conserve ses lignes, continue le siége, et se prépare à la bataille.

## XXI.

A cet instant apparut tout-à-coup une comète dans les cieux. Cette étoile flamboyante répandit la terreur dans les deux camps et fit juger que cette guerre impie et fratricide avait attiré le courroux de Dieu. Pendant vingt-cinq jours consécutifs, on la vit chaque soir, à la même heure, entre le midi et l'occident, et elle paraissait petite et obscure ; mais il en sortait une clarté extraordinaire.

On vit aussi s'élever, du côté de l'Orient et du nord, une autre clarté qui s'agrandit et vint se jeter sur l'étoile [1].

## XXII.

Plusieurs ecclésiastiques essayèrent inutilement d'arrêter l'effusion du sang.

Ce fut même en vain que Vital, l'ancien aumônier du comte Robert de Mortain, le pieux fondateur de l'abbaye de Savigny, qui était au premier rang parmi les personnages vénérables de cette époque, plus ardent que les autres à s'interposer comme arbitre entre les deux frères, se présenta devant la tente du roi. Vêtu de grosse bure, la tête couverte de cendres, les reins ceints d'une corde et les pieds nus, il demande à voir le souverain. Le cénobite lui parla presque avec audace [2] :

« O roi, lui dit-il, considère l'énormité de l'action que tu vas commettre. C'est ton propre frère que tu vas combattre ;

---

1. In vesperà ostensa est quædam insolita stella, et per XXV dies eodem modo eademque hora visa est lucere inter austrum et occidentem. Parva enim visa est et obscura, sed splendor qui de eà exivit valdè erat clarus, et quasi ingens trabes de orientali et aquilonali parte claritas ingessit se in eamdem stellam. Histor. anglicanæ scriptores, t. I, p. 229.

2. Audacter interdixit. Order. Vitalis, lib. XI.

et quel frère ! Encore tout couvert du sang des infidèles, rayonnant toujours de l'éclat de la couronne de Jérusalem, qu'il a répudiée sans doute, mais dont les émanations saintes ont laissé leurs traces glorieuses sur son front. Ne crains-tu pas que de chacune des plaies dont il porte les cicatrices, et qu'il reçut pour Jésus-Christ, il ne s'élève un glaive de feu, qui vienne te confondre avec Abiron et Dathan ! Souviens-toi de la prophétie de Merlin [1], et tremble pour ta postérité ! »

## XXIII.

Ces paroles, prononcées avec onction et fermeté, firent une très-vive impression sur le cœur du roi d'Angleterre.

Un moment il eut la pensée éphémère de restituer à son frère une couronne qui n'était, après tout pour lui, que l'occasion de soucis nombreux, mais l'ambition et le souvenir de sa dynastie éteignirent presqu'aussitôt ces germes de pieuses intentions. Il proposa des conditions inacceptables [2] et l'ermite fut chargé de les faire connaître à Robert : ce n'étaient que des sophismes.

## XXIV.

Il voulait d'abord baiser ces pieds qui avaient marché sur les dalles du Saint-Sépulcre ; ces mains qui avaient eu le doux bonheur de toucher la vraie croix, puis il ajouta :

« Mon frère, ce n'est point par cupidité des vains honneurs de la terre que je suis venu en ces lieux, et je n'ai pas résolu de te ravir tes droits à ton duché ; mais je me suis vu appelé par les larmes et les plaintes des pauvres. Mon seul but est de secourir l'église de Dieu, qui est aventurée au milieu des écueils de la mer comme un vaisseau sans nautonnier.

---

1. Elle présageait à la terre de nombreux malheurs et notamment le naufrage de la Blanche Nef.
2. Multiplices casus. Order. Vitalis, lib. XI.

« Pour toi, tu ne tiens de place que comme un arbre stérile, et tu n'offres en sacrifice à notre Créateur aucun fruit d'équité. Tu tiens même à peine au titre de duc; tu te laisses insulter ouvertement par tes propres vassaux, et tu ne sais venger les injures qui te sont faites que par ton mépris. A l'ombre de ton sceptre, les fils cruels de l'iniquité ne craignent point d'opprimer les peuples chrétiens, et déjà ils ont presque dépeuplé diverses paroisses de la Normandie. A cette vue, je me suis senti enflammé d'un véritable zèle pour le service de Dieu qui nous gouverne, et je me suis affligé pour le salut de nos frères, de nos peuples aimés et de notre chère patrie.

« Je t'en supplie, après examen, profite de mes conseils, et ton expérience te fera reconnaître alors que l'ambition n'est point la règle de ma conduite et que mes intentions sont bonnes. Abandonne-moi tes places fortes, toute la *justice* et la direction entière de la Normandie, avec la propriété de la moitié du duché. Tu posséderas l'autre moitié sans soucis et sans travaux.

« Reçois en échange, et chaque année, sur mon trésor d'Angleterre, un revenu égal à celui de la part que tu me cèdes. Alors tu pourras banqueter et te divertir tout à ton aise et libre de tous soins. Pour moi, je supporterai, afin d'avoir la paix, le pénible fardeau qui me menace; je veillerai sans relâche à l'exécution des promesses que je te fais dans l'intérêt de ton repos, et, avec l'aide de Dieu, je réprimerai la rage des méchants, afin qu'ils n'oppriment point son peuple [1]. »

Enfin, l'interprète royal dut répéter encore ces dernières paroles pleines de foi :

« N'es-tu pas satisfait des royaumes que te réserve Jésus-Christ parmi ses élus ? Chacune des gouttes du sang que tu

---

1. Ordericus Vitalis, lib. XI, ap. Clusnium, p. 820.

versas pour la foi est recueillie dans le ciel et te prépare une couronne impérissable ! Des biens infinis t'attendent ; et si tes fautes furent inscrites sur les colonnes éternelles du palais de Dieu, les larmes de joie des anges les ont effacées, quand ton glaive déroba le tombeau de son fils à la souillure des infidèles.

« Pardonne à ton frère, et reçois ce qu'il consent à te céder. Une récompense sans limites t'est destinée dans un monde meilleur[1]. »

## XXV.

C'était un congé en bonnes formes, des paroles polies surtout pour le pieux diplomate qu'elles semblaient flatter, mais un véritable leurre.

Cependant le duc Robert Courte-Heuse balança un moment. Il paraît avoir été doué d'un caractère doux et indolent. Ami de la paix et craintif des soucis, les propositions de paix que lui faisait son frère flattaient le besoin de repos, que lui laissaient de longues fatigues, et l'attrait des plaisirs. Avant tout il désirait une réconciliation sincère et sérieuse ; mais il voulut prendre conseil de ses amis.

## XXVI.

A l'audition de ces paroles, tous se recrièrent unanimement et avec une vive indignation[2] contre l'injustice du roi, qui voulait traiter en vainqueur et dicter de dures lois à des vaincus[3].

Robert n'osa avouer sa faiblesse et ses secrets sentiments,

---

1. Vie du Bienheureux Vital, de Mortain. — D. Morice, Hist. de Bretagne, t. I, p. 86. — Roujoux, hist. des rois et des ducs de Bretagne, t. II, p. 124. — Orderic. Vitalis, lib. XI, ap. Script. Normann., p. 830.
2. Protinùs illi mandata Regis abhorruerunt. Order. Vitalis, lib. XI.
3. Roujoux, Hist. de Bretagne, t. II, p. 126.

ni reconnaître devant tous sa pusillanimité. Son courage se réveilla au souvenir d'une couronne qu'avait conquise l'épée vaillante de son glorieux père, et il se prépara à terminer le différend par un combat, tandis que l'ermite Vital se retirait dans la forêt de Fougères, où il se mettait en prières pour ces furieux.

## XXVII.

Mais avant d'avoir recours encore à cet extrême moyen, le duc envoie à son frère un héraut d'armes, pour le sommer une dernière fois de quitter la place, et, en cas de refus, d'accepter la bataille [1].

Pour toute réponse, Henri donne ses ordres pour le combat.

## XXVIII.

Trente mille hommes environ étaient sous le commandement du roi. Ils forment cinq divisions.

Le premier corps est confié à Ranulfe de Bayeux; le second à Robert de Meulan, et le troisième à Guillaume de Varennes, auquel il avait récemment rendu la liberté.

Lui-même, il se met à la tête de l'infanterie anglaise et normande.

Enfin, il donne à Hélie, comte du Mans, le commandement de la réserve, qui se composait des Manceaux et des Bretons. Ce dernier corps fut placé dans une plaine un peu éloignée du champ de bataille. Il reçut ordre de venir fondre sur les troupes du duc, lorsqu'elles seraient toutes engagées dans la mêlée [2].

---

1. Louis Dubois, Hist. de Normandie, p. 201.
2. Deindè ferratæ acies ordinatæ sunt, et disciplinabiliter stipatæ processerunt. Primam aciem rexit Ranulfus Bajocensis, secundam Rodbertus, comes Mellentensis, tertiam vero Guillelmus de Guarenna. Rex autem Anglos et Normannos secùm pedites detinuit; Cenomannos autem et Britones, longè in campo, cum Helia consule constituit. Orderic. Vitalis, lib. XI.

## XXIX.

Pour Robert, il n'avait guère que seize mille hommes à sa disposition.

Il divise également son armée en trois corps. L'avant-garde est confiée à Guillaume, comte de Mortain. Il se réserve pour lui le corps principal de bataille et met le comte de Bellême à la tête de l'arrière-garde [1].

## XXX.

Ces dispositions prises de part et d'autre, les deux princes haranguent leurs troupes.

Henri d'Angleterre prend Dieu à témoin de la justice de son procédé et il l'invoque de lui donner la victoire, pour le bien de l'église et des peuples. Ensuite il excite ses insulaires contre le duc de Normandie, en le peignant à leurs yeux comme l'ennemi juré de leur puissance et de leurs libertés; comme un prince abandonné de Dieu, dont il n'a pas écouté la voix qui l'appelait au trône de Jérusalem.

Ensuite, réunissant en cercle ses capitaines autour de lui, il leur fait part de ses desseins, s'ouvre à eux de ses projets, et, en leur présence, il donne la liberté à Renaud de Varennes, ainsi qu'à plusieurs autres, qui avaient été faits prisonniers dans l'église de Dives. Il prend encore l'engagement devant Dieu de faire rebâtir l'église et le couvent de Dives incendiés. Il exhorte les soldats à bien faire et envoie les chefs à la tête de leurs bataillons [2].

---

1. Ex adversâ verò parte Guillelmus comes Moritoliensis aciem duxit primam, et Rodbertus Belesmensis extremam. Orderic. Vitalis, lib. XI.

2. Rex Deo sese commendans... Magistratus familiæ suæ convocavit, ad prœlium omnes instruxit, breviter que commonuit, prout opportunitas loci et temporis exegit. Rainaldum verò de Guarenna et omnes alios, qui in Divensi basilicâ capti fuerant, absolvit, et ecclesiam, quæ combusta fuerat, sese restauraturum Deo devovit. —Hi nimirum pro absolutione fratris sui valdè lœta-

Robert, de l'autre part, se contente de rappeler à ses compagnons d'armes leurs communs exploits de la conquête de l'Angleterre parjure et de la Croisade.

Ils sont les moins nombreux, il est vrai ; ils peuvent succomber sous le nombre, mais jusque-là ils n'ont jamais éprouvé d'échecs et Dieu a toujours été avec eux.

Leur cri de ralliement sera constamment celui qu'ils répétaient naguères sur les rivages de la terre sainte.

## XXXI.

Enfin s'engage, le 27 septembre 1106, la fameuse bataille de Tinchebray, une mêlée de tigres, au dire des contemporains, un combat qui devait être à jamais mémorable dans les annales de la Normandie.

Cette bataille a été le plus grand évènement militaire et plus haut fait d'armes qui se soit accompli dans toute l'étendue du comté de Mortain.

La lutte, d'après les présomptions, dut se livrer à l'ouest du château, et à près de deux kilomètres, du côté de Sourdeval et de Mortain, vers l'emplacement actuel du champ de foire, là où se trouve le Champ-Henriet ou Henriais, qui désigne, dit-on, le lieu où le roi avait établi ses lignes stratégiques et assis peut-être même son camp.

## XXXII.

Tout d'abord, avant d'en venir aux mains, les chevaliers, excepté les Bretons, pour rendre la partie égale, mettent pied à terre, afin de pouvoir combattre de pied ferme[1].

---

tus est, cunctosque sodales ut invincibiliter dimicarent audacter exhortatus est. Ordericus Vitalis, lib. XI, id. Duchesne, p. 820 et 821. — Dumoulin, Hist. de Normandie, p. 288.

1. Cette méthode n'avait pas été pratiquée jusqu'à ce jour. Elle devint, par la suite, d'un usage assez général, car un chevalier renversé était retenu par le poids de son armure, et ne pouvant se relever facilement, il se trouvait à la merci des soldats qui l'égorgeaient sans danger.

## XXXIII.

Enfin, le signal est donné par les trompettes et les engagements commencent de toutes parts sur les lignes.

Les deux armées s'ébranlent à la fois. Bientôt leur course s'accélère ; elles se précipitent l'une sur l'autre avec une furie indescriptible et se brisent, en se rencontrant, dans un effroyable choc.

Les rangs se pressent des deux côtés, se resserrent de toutes parts et les boucliers joints ensemble, forment alors un rempart impénétrable, qu'il n'est plus facile de renverser ; c'étaient deux véritables murailles de fer [1].

L'ordre de bataille est bientôt rompu, les rangs mêlés, les deux partis confondus ; c'était un tourbillon furieux d'hommes et de chevaux courant, se heurtant, se renversant, s'écrasant parmi des flots de poussière.

## XXXIV.

Les premiers mouvements semblent favorables au duc, le héros d'Ascalon et de Jérusalem, qui beau d'enthousiasme et d'héroïsme, recouvre l'ardeur qu'il avait jadis déployée contre les infidèles. Il s'attache à chercher son frère et à le poursuivre. A la tête d'une poignée de braves, il s'élance sur les bataillons ennemis, les enfonce et les disperse.

Mais les temps et les lieux sont changés, et les véritables infidèles qu'il avait devant lui, — car c'étaient ses vassaux, ses barons et ses propres Normands, qui l'avaient abandonné, — le surpassaient en nombre. Ils ne lui étaient guères inférieurs en courage et l'égalaient au moins en habileté.

---

1. Cùmque simul exercitus convenissent, et turmæ Guillelmi comitis cœtus Ramnulfi ferire satagerent, tantâ densitate constipati erant et in armis indissolubiliter stabant, ut nihil eis obesse possent, sed alterni conatus impenetrabiles obstare studerent. Order. Vitalis, lib XI, id. Duchesne, p. 821.

## XXXV.

Diex aïe ! Diex aïe ! Ce vieux cri de guerre des Normands retentissait poussé par Robert et ses compagnons : il dominait les clameurs de la mêlée.

Robert fut bientôt au plus épais des rangs ennemis qu'il mit en déroute : tout pliait, tout fuyait devant lui. De larges trouées sanglantes marquaient chacun de ses pas parmi la multitude ennemie. Les troupes du roi Henri, culbutées par la charge irrésistible de Robert, étaient anéanties ; le désordre devenait une déroute.

## XXXVI.

Tandis que le duc s'était attaché à la poursuite de son frère, le comte de Mortain n'avait pas moins bien travaillé. A la tête de l'avant-garde, il avait attaqué, de son côté, avec la vigueur qui lui était naturelle, le corps commandé par Ranulfe de Bayeux ; il l'avait également dispersé.

## XXXVII.

Le roi suppléait par son courage à ce qui lui manquait du côté de l'expérience.

Cependant le comte Guillaume de Mortain fait partout retentir ses coups.

Les Anglais sont attaqués et renversés par lui : bientôt le désordre le plus complet est dans leurs rangs et ils commencent à prendre la fuite.

C'en était fait du roi Henri, et la Normandie n'eut pas ce jour-là changé de maître, si tous les chefs eussent agi avec la même force et la même énergie. Mais soit que ce fût peu de fidélité ou manque de courage, peut-être aussi le défaut d'unité dans le commandement, une certaine langueur, une lente indécision, qui les saisit dans ce moment solennel où il fallait réunir de nombreux efforts pour poursuivre l'armée royale l'épée dans les reins et mettre le comble à sa déroute, donna le temps à Henri de rassurer ses troupes, de les rapatrier et de leur faire connaître l'avantage que leur laissaient les ennemis, emportés par leur ardeur naturelle et dispersés sur une trop grande étendue de terrain.

Les fuyards reviennent à sa voix, reconstituent et reforment leurs rangs : il les ramène sur le champ de bataille.

En même temps, il donne précipitamment l'ordre de faire approcher ses réserves.

Dans un instant, la fortune a changé : Henri, qui joignait au courage du soldat la science du capitaine, avait vu le danger d'un coup-d'œil sûr et avait su y parer avec promptitude.

## XXXVIII.

Alors, le comte de Mortain, le seul sans doute dans l'armée du duc qui le servit de bonne foi, et qui, d'ailleurs, en l'état où il voyait son parti, s'aperçut bien qu'il ne devait attendre de secours que de lui-même et de sa valeur personnelle, combattit en homme qui, ne pouvant plus vaincre, pouvait encore au moins se faire admirer en cherchant partout la mort[1].

## XXXIX.

A ce moment, des hurlements formidables et des cris nombreux, poussés de toutes parts, annoncent que le corps de réserve de l'armée royale, formé des Manceaux et des Bretons vient de se jeter dans la mêlée sanglante. Elle fond avec impétuosité sur la cavalerie à découvert du duc, qu'elle prend en flanc[2].

---

1. D'Argentré, Hist. de Bretagne, liv. IV, ch. 44.
2. Ululantibus utrinque et vociferantibus, Helias cum suis subitò irruit, et è latere inermes Ducis pedites percussit. Order. Vital., lib. XI.

## XL.

Attaqué par des soldats qui n'avaient pas encore combattu et qui sentaient toute l'importance de leur appoint, Robert, dont le corps commençait à se débander, a bientôt perdu deux cent vingt-cinq hommes¹.

Ses Normands, épuisés par une journée de luttes et par leur premier succès, voient leur ardeur se briser contre ces troupes fraîches. L'attaque est pleine de vigueur, mais la défense se fait avec mollesse. Alors la mêlée devient affreuse : un combat corps à corps s'engage partout avec une rage et un acharnement incroyables. Les troupes du duc de Normandie cèdent et sont foudroyées ; elles lâchent pied et prennent enfin la fuite².

Dans les rangs des Bretons, on remarqua surtout un chevalier, dont le nom est resté inconnu, qui se précipita seul en avant des lignes, l'épée au poing, frappant et renversant tout sur son passage. Son audace décida la victoire en faveur des Anglais ³.

## XLI.

En vain le comte de Mortain veut encore résister. Accablé de lassitude, pressé par le nombre, vaincu enfin, il se voit forcé, entouré qu'il est de toutes parts, de remettre sa vie entre les mains de ses plus implacables ennemis⁴, et avec lui le sire d'Estouteville, Guillaume de Ferrières, Guillaume Crépin, Gilles de la Roque et tous ses compagnons d'armes.

Le comte de Bellême peut seul conserver sa liberté en

---

1. Et CCXXV, mox interfecit. Order. Vital., lib. XI.
2. Dissolutum Ducis agmen victoribus cessit. Order. Vital., id.
3. Order. Vitalis, lib. XI. — Robert Wace, roman de Rou, t. II, p. 403. — Mathieu Paris. — Depping, Hist. de Normandie, t. I, p. 324.
4. Mathieu Paris. — Guillelmus Gemeticus. — Roujoux, Hist. de Bretagne, t. II, p. 127.

prenant la fuite et entraînant après lui une partie des siens[1]. Cette désertion occasionna une débâcle générale dans l'armée du duc Robert et fut pour elle le signal de la défaite.

## XLII.

Ce ne fut plus alors pour la victoire, pour sa couronne de duc, ce fut pour sa liberté que combattit Robert. Du moins il honora sa chute par des prodiges de valeur. Cerné, hors de défense, il voit comme une marée humaine, qui va le submerger de ses flots menaçants, se former autour de lui et de ses compagnons. Enfin il est fait prisonnier par Gauldry, chapelain du roi, qui le livra aux gardes de son maître : l'évêché de Laon fut la récompense de ce prêtre guerrier[2].

Henri fit personnellement tous ses efforts pour arracher, sur un autre point du champ de bataille, Guillaume de Mortain aux mains des Bretons. Il tenait à s'assurer de lui. Longtemps ses instances auprès d'eux furent infructueuses. Ils voulaient tirer eux-mêmes vengeance de leur ennemi, et ce ne fut qu'avec bien de la peine qu'ils le lui livrèrent[3].

## XLIII.

Tels sont les épisodes divers de la bataille de Tinchebray, dont les résultats furent de priver à tout jamais la Normandie de ses maîtres particuliers et le comté de Mortain de l'éclat dont il avait brillé pendant près d'un demi-siècle. Elle eut une conséquence encore plus grave, qui fut de permettre aux Anglais de s'implanter sur le sol de la France jusqu'aux célèbres journées de Crécy, de Poitiers et d'Azincourt.

1. Quod videns Rodbertus Belesmensis fugam iniit. Order. Vitalis, lib. XI.
2. Tunc Galdricus ducem comprehendit, et regali custodiæ mancipavit. Is nimirùm capellanus Regis, qui militibus sociatus in certamine constituit, non multò post Landavensis pontifex factus, etc., etc. Order. Vital., id.
3. Britones autem Guillelmum comitem ceperunt, quibus rex et amici ejus vix abstulerunt. Order. Vitalis, lib. XI, id. Duchesne, p. 821.

La Normandie, par le fait, ne fut plus qu'une province anglaise. Pour notre comté, il ne se releva jamais de cet échec. Quoique deux de ses possesseurs aient été rois d'Angleterre, de ce jour, il perdit sérieusement son importance.

## XLIV.

Cette journée fut désastreuse et tout-à-fait décisive.

Le nombre des morts fut très-considérable de part et d'autre.

Quant à celui des prisonniers, il est fort suspect : 10,000 piétons et 400 chevaliers tombèrent au pouvoir des vainqueurs. Cependant ce sont là les chiffres que le roi Henri, lui-même, indiqua dans une lettre qu'il écrivit, après la bataille, à Anselme, archevêque de Cantorbéry ; mais le récit de Mathieu Paris nous permet de les révoquer en doute et de faire la part de l'exagération.

Le château de Tinchebray se rendit et fut rasé, en partie du moins.

## XLV.

Quelques historiens parlent de cette affaire comme d'une surprise, plutôt que d'une grande bataille. Laroque[1] et Jean Le Féron, pour appuyer Laroque, disent que le roi d'Angleterre, sous prétexte d'une conférence avec son frère, où ils ne devaient être accompagnés que de quelques députés et de peu de gens, y vint avec trois ou quatre cents hommes divisés en trois bandes, qui environnèrent de toutes parts le duc et sa petite troupe, qui, bien que surpris, se défendirent vaillamment. Mais qu'enfin ils furent obligés de céder au nombre, de sorte que le duc, à peine échappé du combat, se retira avec les comtes d'Aumale et de Mortain, au château de Bâlon, au Maine, où il furent pris, et de là menés en Angleterre.

---

1. Hist. de la Maison d'Harcourt, t. II, p. 2022.

L'histoire a fixé ce point[1].

Cette seconde version n'eût été qu'une indigne lâcheté, qu'un véritable guet-à-pens : au moins dans la bataille de Tinchebray les frères ont-ils couru les chances du sort des armes.

## XLVI.

Aussitôt après la bataille, le vainqueur, poursuivant ses conquêtes, s'empara des villes et de tous les châteaux dépendant du comté de Mortain. Il les fit démolir[2].

## XLVII.

Puis il alla présider à Lisieux une assemblée nombreuse. Les prélats, les abbés, les comtes, les barons et les personnages les plus importants de cette époque s'y trouvèrent : curieux essai de la souveraineté populaire ou plutôt de la souveraineté aristocratique procédant dès ces temps reculés, dans les formes légales et pour ainsi dire constitutionnelles, à la déposition d'un prince[3].

---

1. Voyez Willelmus Gemeticus, lib. VIII, cap. XIII. — Willelm. Malmesbur., lib. V, p. 157. — Chronic. S. Michaelis in periculo maris, ed. Labbe, t. I, p. 348. — Chronic. Uticensis cœnobii, ed. Bened. de S. Maur, t. XII, p. 774. — Chronic. Lyrensis, id. t. XII, p. 776. — Chronic. S. Stephani Cadomensis, id. t. XII, p. 779. — Chronic. Rotomagense, id. t. XII, p. 784. — Ex. brevi chronic. ducum Normanniæ, id. t. XII, p. 786. — Ex. Gervasii Tilberiensis otiis imperialibus, id. t. XIV, p. 14. — Benedictus Petroburgensis, id. t. XVII, p. 462.

2. Rex Henricus totam Normanniam et omnia castella comitatus Moritolii in suum dominium suscepit. Willelm. Gemeticus, lib. VIII, cap. XIII, ap. scrip. norm., p. 298.

3. M. de la Sicotière, le Département de l'Orne, histor., archéol. et pittoresque. — In medio octobri, Rex Lexovium venit, cunctos optimates Neustriæ convocavit, et utilissimum ecclesiæ Dei concilium tenuit... hostes autem quos in bello ceperat, in Angliam destinavit : et perenni ergastulo Guillelmum Moritoliensem, ac Robertum de Stoteville, alios que nonnullos condemnavit. Order. Vitalis, lib. XI, ap. Duchesne, p. 822.

Le roi leur fit un discours succint sur ses projets, et cette assemblée arrêta entre autres choses :

« Art. 6. Que tous les ennemis prisonniers de guerre seraient conduits en Angleterre, où Guillaume, comte de Mortain, Robert d'Estouteville, Guillaume Crespin et quelques autres seraient detenus en prison perpétuelle.

« Art. 7. Que tous les châteaux et places fortes, bâtis depuis la mort du Conquérant, seraient abattus et rasés, étant considérés comme le refuge et la retraite des voleurs[1]. »

## XLVIII.

Henri retourna ensuite en Angleterre, dans les premiers jours de l'année 1107, traînant à sa suite le duc Robert et le comte de Mortain, qui, à la mode des dictateurs de Rome, ornèrent son triomphe, lors de son entrée à Londres. Il eût été plus honorable pour lui de rendre la liberté à ces deux princes, dont l'un était son frère et l'autre son cousin-germain, plutôt que de les conduire ainsi, comme de vils esclaves, dont le malheur déposait contre sa gloire. Ce spectacle lui attira le blâme de tous ses sujets attendris par cette scène révoltante.

## XLIX.

Le souverain resta toujours inflexible sur le sort de ces deux prisonniers. Quoique pressé par les prières, par les

---

1. Chronique des archiv. de Rouen. — Goube, hist. du duché de Normandie, t. I, p. 320. — C'est cette même expression que Caillebotte, historien trop peu sévère de Domfront, a prétendu avoir trouvée dans les Commentaires de César, où personne, autre que lui, ne l'a jamais vue. Ce sont aussi les paroles qu'Orderic Vital (lib. VII, ap. script. antiq. Normann. p. 865), met dans la bouche du roi Henri I$^{er}$, justifiant à Gisors, devant le pape Calixte II, ses attentats contre le malheureux Robert, son frère : Tandem Tenerchebraicum speluncam dœmonum obsedi.

promesses et par les présents de plusieurs personnes, il ne consentit jamais à se relâcher de sa sévérité[1].

Au contraire, Courte-Heuze ayant réussi, paraît-il, à s'échapper, mais ayant été repris, il n'en fut surveillé que plus attentivement.

## L.

Guillaume de Mortain, resté prisonnier du roi, perdit la vie peu après le duc, mort à Cardiff, au pays de Galles, le 7 février 1134, après bientôt trente années de captivité[2]. Vraisemblablement ce prince était âgé alors de près de quatre-vingts ans; il fut inhumé dans l'église de Saint-Pierre de Glocester.

Pendant ce laps de temps bien long, il eut à souffrir des tourments sans nombre, d'après ce que disent plusieurs historiens.

On assure que ces deux infortunés eurent les yeux crevés[3].

C'est en cet état que Robert exhala sa douleur en quelques élégies touchantes, dont quelques fragments sont parvenus jusqu'à nous[4].

On affirme que tous les deux furent menés ainsi dans les plus considérables villes de l'Angleterre.

Quelques chroniqueurs disent, au contraire, que Guil-

---

1. Inflexibilis ergà eos perduravit, et quamvis multorum præcibus ac promissis, numeribusque pulsatus fuisset, nunquam moliri potuit. Order. Vitalis, lib. XI, ap. Duchesne, p. 822.

2. Eos in carcere fecit mori. Turonensis chronic. rec. des historiens de la France, t. XII, p. 468. — Eosque in liberâ custodiâ usque ad terminum vitæ corum tenuit. Willeim. Gemeticus, hist. id. id. p. 574. — Willelmus, consul de Moretuil. captus anno 1106, perindè ac Robertus de Bellismo, in carcere diem extremum obiit. Henric. Huntindonensis, id., t. XIV, p. 265.

3. Crudeliter exoculavit eum (comitem Moretonii) nec sciri tam horrendum facinus potuit quoadusque regis aperuit mors secreta. Bromptôn, apud Twysden, col. 1021.

4. L'abbé de la Rue, essai sur les Bardes, t. II, p. 94.

laume recouvra la liberté, en 1119, en même temps que Robert de Beaumont ; mais que ce fut à la condition expresse de ne jamais revendiquer ses droits sur ses anciennes possessions[1].

*Le Louroux-Béconnais, 15 Mars 1867.*

H. SAUVAGE.

---

1. Goube, hist. du duché de Normandie, t. 1, p. 339.

---

Domfront. — Imp. de F. LIARD.

www.ingramcontent.com/pod-product-compliance
Lightning Source LLC
Chambersburg PA
CBHW060916050426
42453CB00010B/1765